DÉCISION

Relative à la prise du navire anglais l'Entreprise.

Du 13 Nivôse an 9.

LE CONSEIL DES PRISES, établi par l'arrêté des Consuls du 6 germinal an 8, en vertu de la loi du 26 ventôse précédent, a rendu la décision suivante :

Entre le corsaire français *l'Espérance*, armé par *Joseph-François Lieutaud*, commandé par le capitaine *François Mordeille*, demandeur, d'une part ;

Et le corsaire français *l'Adolphe*, commandé par le capitaine *Pouet*, et le corsaire espagnol *le Saint-François-Xavier*, capitaine *François Vallongo*, aussi demandeurs, d'autre part.

Vu le procès-verbal dressé en mer le 17 prairial an 8, par lequel les capitaine, officiers et matelots composant l'équipage du corsaire français *l'Espérance*, déclarent que ledit jour, étant mouillés à l'est de l'île de Tariffa, le vent à la partie du sud-ouest, ils aperçurent un navire à trois mâts faisant route dans l'est et cinglant la côte d'Afrique, et le reconnurent pour ennemi ; que de suite ils appareillèrent pour lui donner chasse, et le signalèrent au corsaire *l'Adolphe*, qui était mouillé à demi-lieue sous le vent, avec le corsaire espagnol *le Saint-François-Xavier*, capitaine *Vallongo ;* mais que le corsaire *l'Adolphe* ayant répondu au signal en restant mouillé, voyant qu'il renonçait à lui donner chasse et n'appareillait pas, eux forcèrent de voile sur ledit navire ;

Qu'à une heure, y étant à portée d'artillerie, et ayant assuré pavillon national par un coup de canon à poudre, le navire répondit en arborant pavillon anglais, et leur tira sa bordée de neuf canons; ce qui engagea un feu très-vif à boulets et à mitraille, pendant lequel ils s'aperçurent que les corsaires susmentionnés mirent à la voile, et, au lieu de leur venir au secours, cinglèrent le vent pendant le combat ;

Qu'à une heure et demie, ayant accosté le navire à portée de mousqueterie, à laquelle il ripostait aussi, ils furent obligés de l'aborder, ayant encore son pavillon qu'ils chavirèrent de suite en arborant leur couleur nationale ; et que s'étant emparés de ses papiers, ils reconnurent que le navire se nommait *l'Entreprise,* armé de dix-huit canons du calibre de huit et de six, équipé de trente-cinq hommes anglais et portugais, commandé par *Nicolas Johnson,* venant de Lisbonne, allant à Livourne, chargé de sucre, cacao, cuirs et indigo ;

Qu'à deux heures et demie, faisant route pour Algésiras, et étant par le travers du Colmo, *l'Adolphe* les ayant ralliés et le capitaine dudit corsaire ayant demandé s'il pouvait mettre des matelots à bord, il lui fut répondu qu'ayant pris le navire à l'abordage, il n'avait aucune prétention, attendu que lorsque le navire avait été amariné, il était, ainsi que l'espagnol, à demi-lieue hors de la portée de son artillerie ; que nonobstant cela, *l'Adolphe* aborda par force et laissa deux matelots, à l'introduction desquels *l'Espérance* ne put pas s'opposer, vu qu'elle ne pouvait pas suivre la prise, ayant toutes ses voiles délabrées et ne pouvant gouverner qu'avec peine ;

Vu le procès-verbal, à la même date, dans lequel les officiers et autres hommes du corsaire *l'Adolphe* certifient qu'ayant répondu au signal de *l'Espérance* selon les conventions arrêtées avec ce corsaire , c'est-à-dire , en hissant pavillon portugais, ce qui , suivant ces conventions, signifiait *aperçu ,* ils appareillèrent un instant après lui; forcèrent constamment de voiles, et se mirent à la portée du calibre de quatre ; que leur calibre, qui était de dix-huit, était plus que suffisant pour battre le bâtiment, qui avait alors arboré pavillon anglais; mais que la position que le capitaine de *l'Espérance* conservait toujours entre l'anglais et eux , les mettait dans l'impossibilité de lui faire feu, sans le plus grand danger pour leurs propres concitoyens , ce qui fut cause qu'ils ne purent tirer qu'un seul coup à *l'Entreprise;* que le capitaine *Mordeille* ayant cassé son antenne de grand'voile , et son pavillon étant tombé, le bruit se répandit à bord de *l'Adolphe* qu'il avait amené ; qu'aussitôt le capitaine ordonna d'arriver sur l'ennemi pour l'aborder; que dans ce même moment celui-ci ayant amené pavillon , ils envoyèrent immédiatement à bord un officier comme ayant un droit légitime à la prise ; mais que loin de le recevoir , les matelots de *l'Espérance* le traitèrent d'une manière aussi offensante qu'injuste , et le couchèrent en joue , en menaçant de lui faire feu s'il montait à bord ; que cependant il y monta malgré toutes ces menaces; mais que le capitaine *Mordeille* s'étant expliqué positivement envers un autre de leurs officiers sur la nullité de leurs prétentions pour la part qui leur est légitimement due dans la prise , ils ont signé ledit procès-verbal pour servir à ce que de raison.

Vu les expéditions et papiers trouvés à bord de *l'Entreprise ,* lesquels, après avoir été renfermés en deux paquets dûment cachetés, furent remis par un lieutenant de *l'Espérance* au sous-commissaire chancelier des relations commerciales de la République française à Cadix, ainsi qu'il conste du procès-verbal d'ouverture du 20 prairial an 8 , et consistant en un passe-port royal pour les puissances barbaresques , un rôle d'équipage , une sentence de condamnation prononcée à Gibraltar, une lettre d'avis en cas de faire des prises, une chartepartie , une commission de guerre en blanc , deux certificats d'un maître constructeur de Lisbonne sur le changement du bâtiment de polacre en navire, un connaissement, une facture, une lettre d'ordre au consignataire du chargement, et autres pièces, lesquelles, au nombre de vingt-deux en tout, établissent incontestablement la qualité ennemie du navire anglais *l'Entreprise* et de sa cargaison ;

Vu la procédure instruite, le 7 juin 1800, devant le tribunal militaire espagnol d'Algésiras, sur la réquisition de l'agent français, et contenant les déclarations des hommes de l'équipage de *l'Entreprise*, selon l'ordre et la teneur qui suivent :

Le capitaine nommé, *Nicolas Johnson*, natif et habitant de Liverpool, dit qu'il allait de Lisbonne à Livourne, avec un chargement appartenant à *Caren Caster* et compagnie, de nation anglaise ; que le 5, à une heure un quart, plus ou moins, il fut abordé par un corsaire français qui l'a conduit dans ce port, et qui lui paraît s'appeler *l'Espérance* ; qu'il s'est rendu à lui seul, sans considération d'aucun autre ; que quoiqu'il y eût d'autres corsaires à la vue, il est seulement certain d'un qui était à la portée du canon ; que celui-ci tira un coup de canon, sans qu'il puisse assurer s'il l'atteignit ou non ; mais que, soit que celui-ci eût tiré ou non, il se serait rendu au premier qui l'aborda après avoir brisé ses manœuvres, et qui entra sabre en main, en même temps que le pilote amenait le pavillon.

Jean Maning, pilote, dit qu'il amena pavillon, se voyant abordé par *l'Espérance*, et l'équipage ayant abandonné son poste ; qu'ils ne se rendirent qu'à celui-là, quoiqu'il y eût à la vue un autre corsaire qui, d'un coup de canon, coupa quelques cordages du mât de proue ; que ce coup fut tiré cinq minutes plus ou moins avant la reddition, qui n'eut lieu que par rapport à l'abordage, et nullement à cause des coups de canon ; qu'il lui paraît que quoique *l'Adolphe* fît force de voiles pour lui couper le chemin, jamais il ne l'aurait atteint, étant sous le vent de la frégate du déclarant.

Le second pilote, *Georges Porsy*, déclare qu'étant au milieu du détroit, un corsaire français les prit seul et sans connivence d'aucun autre ; qu'avant que le second corsaire tirât son coup de canon, déjà la frégate avait à bord l'équipage du corsaire qui l'aborda.

Antoine Carozzi, matelot, atteste que le corsaire capteur ayant donné l'abordage , cela fut , avec le bris des manœuvres , le motif de la reddition.

Un second matelot, *Nicolas Collen*, soutient que le corsaire s'approcha jusqu'à faire un grand feu qui leur rompit toute la manœuvre, et de suite les prit à l'abordage ; et qu'après ils aperçurent un autre corsaire, qu'à peine voyait-on, qui serrait le vent tant qu'il pouvait, mais que jamais il ne pouvait espérer de leur couper le chemin;

Joseph Antoine, troisième matelot, dépose que *l'Espérance* prit la frégate à l'abordage après combat, et qu'une autre voile qu'on entrevoyait à une grande distance, sans pouvoir reconnaître son espèce ni sa nation, ne fit aucune manœuvre qui pût conduire à la capture.

Antoine Ruffo, quatrième matelot, dit que le corsaire les prit à l'abordage ; que du côté de terre, fort loin, on apercevait un autre bâtiment dont on ne reconnaissait pas la nation ;

Joseph Matteo, cinquième matelot, assure qu'ils furent pris à l'abordage par *l'Espérance*, sans qu'aucun autre corsaire y eût concouru.

Le second contre-maître, *Jean Hamlett*, confirme que la frégate fut prise à l'abordage , mais n'entre dans aucun détail.

Jean Tula, contre-maître, s'accorde à dire que la prise fut faite à l'abordage; qu'on ne se rendit qu'au corsaire qui aborda; et que l'autre, distant d'une lieue, plus que moins, ne les aurait pas empêchés d'entrer à Gibraltar, quoiqu'il fît voile pour leur en couper le chemin.

Thomas Campbell, sixième matelot, prétend que lorsque le second corsaire, qui était vers la terre, tira un coup de canon, l'autre s'approchait déjà de la frégate pour l'aborder, et le capitaine avait donné l'ordre d'amener.

Jacques Smith , septième matelot, étant posté à la sainte-barbe, n'a rien vu.

Michel Francesco, huitième matelot, déclare qu'ils furent pris à l'abordage par un corsaire français à deux mâts, seul et sans connivence d'aucun autre.

Jean Clark, huitième matelot, dépose que ce fut seulement au

3

premier corsaire qu'ils se rendirent, et que le second ne serait pas parvenu à couper les eaux de la frégate, à cause de sa position, malgré qu'il eût manœuvré dans cette intention.

André Rudard, neuvième matelot, dit que si le premier corsaire qui vint à l'abordage ne les avait pas pris, l'autre n'aurait pas pu les prendre, et c'est pourquoi il conclut qu'effectivement ils se rendirent seulement au corsaire qui aborda.

Quatorze autres matelots déclarent unanimement qu'ils furent pris à l'abordage par le corsaire *l'Espérance*, sans le concours d'aucun autre; qu'on se rendit à lui seul, et que ce ne fut même qu'après la capture qu'on eut connaissance de deux voiles, sur la côte d'Espagne, à une distance fort grande.

Vu trois certificats, datés du 8 juin, par lesquels les trois vigies des postes espagnols de Guatamezy, Tariffa et du Frayla, attestent qu'au moment où ils eurent connaissance de la frégate ennemie, deux corsaires français alliés, sortis de la plage de Tariffa à un court intervalle l'un de l'autre, forçaient leur chasse; que le plus avancé fit un feu très-vif qui lui obtint la victoire; que la frégate ennemie aurait peut-être soutenu plus long-temps sa résistance, mais que la vue du second corsaire, qui ne fut pas long à donner chasse, et qui tira un coup de canon au moment de la reddition, l'obligea à ralentir sa marche; et qu'après elle suivit sa route par le nord, accompagnée des deux;

Vu la procédure instruite à Tariffa, à la requête de *Jean-Denis Pouet*, capitaine de *l'Adolphe*, et contenant les pièces suivantes:

1.º La requête dans laquelle ce capitaine expose qu'il se porta sur la frégate anglaise en même temps que *l'Espérance*; que quoique ce dernier se trouvât plus au vent, et pût faire un plus grand feu d'artillerie, son bâtiment arriva jusqu'à moins de portée de canon de la frégate, puisqu'il lui tira un coup de canon à mitraille qui l'atteignit suffisamment; qu'il ne put continuer son feu, attendu que *l'Entreprise* se trouvant entre lui et *l'Espérance*, il aurait enfilé celle-ci avec ses balles; qu'enfin l'ennemi se rendit à la force supérieure des bâtimens qu'il avait contre lui, et que par conséquent les deux corsaires restèrent maîtres de la frégate ;

2.º Les déclarations prises les 10 et 18 juin, d'*Ambroise Nunos* et *Julien Bilbas*, bourgeois; *Ferdinand de Arias*, patron; *Antoine de Fuents*, employé au bureau des classes; *André Villata*, *Jean Canatti*, *Pierre Catala*, médecin; *Jacques Hockenleitter*, *Émm. de Los-Rios*, sergent d'artillerie, et *François*, de Cadix, lesquels, après serment de dire vérité, ont unanimement soutenu que tout s'est passé comme il est relaté dans l'exposé du capitaine de *l'Adolphe ;* et qu'eux étant placés sur les hauteurs de la Caleta et autres environnantes, sont certains, pour l'avoir vu, que la frégate se rendit à l'aide du corsaire *l'Adolphe*, qui était plus à craindre que *l'Espérance* en raison de sa grandeur et de sa grosse artillerie; que, quoique le premier ne fît pas tout le feu qu'il aurait pu, à cause de l'interposition du second qui se trouvait sous le vent au milieu des deux bâtimens, ils ne doutent nullement que l'ennemi ne baissa pavillon que par crainte de *l'Adolphe*, qui avec son artillerie aurait pu lui causer le plus grand dommage; et que ce fut le secours de ce corsaire, qui se trouvait à la distance de moins d'un canon de quatre, qui détermina la reddition de la frégate qu'aborda *l'Espérance ;* enfin, qu'un coup qu'il tira à balle et mitraille fit connaître qu'il était plus qu'à portée, puisque la balle et la mitraille même dépassèrent la frégate ;

Vu la requête adressée au gouverneur de Tariffa, dans laquelle *Jean Bahren*, armateur de la barque espagnole *le Saint-François-Xavier*, expose qu'au moment où *l'Espérance* sortit de la rade de Tariffa pour aller reconnaître la frégate anglaise, ladite barque et un autre corsaire nommé *l'Adolphe*, qui se trouvaient un peu plus sous le vent de la rade, mirent à la voile avec la même intention; que le combat s'étant engagé entre la frégate et le premier corsaire, la susdite barque força de voiles avec le second, l'intention de celle-ci étant de couper la retraite à l'ennemi; qu'en effet, au moment de la reddition, elle se trouvait déjà sous le vent de la proue, à portée

4

moindre de son calibre de vingt-quatre , et contribua par ce fait à la prise à laquelle elle prétend justement part.

Vu les dépositions de dix individus , officiers, sous-officiers et soldats au régiment espagnol de *Juan* , lesquels, produits comme témoins par ledit *Bahren* , ont affirmé, d'un commun accord, que les manœuvres du *Saint-François-Xavier* contribuèrent à la reddition de la frégate , en lui coupant le vent ; et que si cette barque ne tira pas , c'est que de son gros calibre de vingt-quatre elle aurait pu nuire aux autres corsaires combattans qui se trouvaient plus près qu'elle de l'ennemi ;

Vu le procès-verbal fait en rade d'Algésiras , le 10 juin , par les officiers dudit corsaire espagnol , lesquels y déclarent que *l'Espérance* étant sortie du mouillage de Tariffa pour donner chasse à l'ennemi, peu après *l'Adolphe*, qui se trouvait mouillé sur la côte , sous le vent à eux , fit la même manœuvre , et qu'eux-mêmes , peu après , se dirigèrent sous le vent pour couper la retraite à la frégate , déjà poursuivie par le feu de *l'Espérance* ; que *l'Adolphe* lui ayant tiré un coup de canon dont la balle dépassa de beaucoup la frégate , elle se rendit sur-le-champ et fut amarinée par *l'Espérance*, qui se trouvait plus près et dans ses eaux ; et que la reddition n'eût pas été aussi prompte , si *l'Adolphe*, dont la force épouvanta l'ennemi, ne se fût trouvé sous le vent et à portée du canon, ainsi que la barque espagnole qui s'était placée plus encore sous le vent pour lui couper retraite, dans la confiance qu'il aurait fui plus long-temps ;

Vu les procès-verbaux faits à Algésiras , dans lesquels plusieurs officiers de la marine espagnole , experts nommés à la requête du capitaine de *l'Espérance*, affirment que, suivant les mesures qu'ils ont prises d'un trou fait au mât de misaine de *l'Entreprise*, ce trou n'a pu être fait au plus que par un boulet de douze ou de moindre calibre, et que ce boulet a été tiré à une très-petite distance de la frégate , puisqu'il a percé le mât de part en part ;

Vu plusieurs autres déclarations prises devant les tribunaux d'Algésiras , les 14 juin et jours suivans , ensemble des certificats des gardes-côtes espagnols, des lettres et requêtes des capitaines de *l'Espérance* et de *l'Adolphe*, toutes lesquelles pièces, relatives à la contestation élevée entre ces deux corsaires, ne présentent que des renseignemens contradictoires auxquels des reproches réciproques de subornation et de corruption semblent d'ailleurs devoir laisser peu de confiance ;

Vu les dépositions prises le 25 prairial an 8, par le chancelier du commissariat français à Cadix, de deux témoins produits par l'armateur de *l'Espérance*, lesquels, se nommant *François Oliva* et *Christophe Sanchoz*, de Tariffa, s'accordent à dire que quand *l'Espérance* aborda le navire ennemi et s'en rendit maître, *l'Adolphe* tira un coup de canon dont le boulet tomba en-deçà du navire, au moins à demi-portée, et que ce coup fut tiré après la reddition du navire ;

Vu l'enquête faite le 26 prairial en ladite chancellerie française, à Cadix, à la réquisition de l'armateur de *l'Adolphe*, et présentant les renseignemens qui suivent :

Le vice-consul des États-Unis d'Amérique déclare que six matelots de *l'Entreprise*, capturés par les Français, se disant américains, se sont présentés devant lui, et lui ont dit, par manière de conversation, qu'ils ont été pris par deux corsaires français.

Jean Smith, de Salem, contre-maître, dit que pendant le combat avec *l'Espérance*, un corsaire français s'approcha à portée de canon, et d'un coup frappa le mât de misaine, dont lui, contre-maître, vit tomber les éclats ; que par la position respective des navires, ce ne peut être que *l'Adolphe*, placé en avant, qui ait fait ce dommage; qu'au moment de la reddition, ce second corsaire ne se trouvait pas plus loin qu'un mille et demi.

Thomas Campbell, munitionnaire, natif de Baden, est certain et jure que son capitaine ne s'est rendu qu'aux deux corsaires ; qu'il le lui a entendu dire ; et qu'après que le premier corsaire eut abordé, le second se trouvait à la distance de demi-portée de pistolet au plus ;

Georges Greter, d'Alexandrie, matelot, affirme que tandis qu'on se battait avec *l'Espérance*, il vit un autre corsaire à un mille et demi ; qu'il entendit dire alors qu'un boulet avait endommagé le mât de misaine ; que cependant le combat continua jusqu'à ce que le capitaine anglais dit qu'il ne pouvait combattre contre deux et qu'il fallait se rendre.

Georges Hill, Américain, matelot, affirme avoir entendu le même propos.

Isaac Jeysep, Américain, matelot, affirme aussi que les deux corsaires ont eu part à la prise, et qu'on amena le pavillon en voyant que le premier venait à l'abordage et que le second approchait de plus en plus.

Vu le second interrogatoire, dans lequel ledit *Jean Smith*, à des questions posées par l'armateur de *l'Espérance*, a répondu que les boulets du second corsaire passaient au-delà du navire; qu'au moment où le second corsaire tira, il vit des éclats de bois se détacher du mât et le boulet tomber à la mer; que la position respective des navires était telle alors, que *l'Entreprise* avait la proue sur Gibraltar, le premier corsaire sur la poupe de la prise, et le second sur la proue, tous deux à bâbord ; que le premier corsaire aborda du même côté, tirant toujours; qu'à l'instant où ledit corsaire toucha le navire, le pavillon fut amené; que les deux corsaires étaient au vent; qu'au moment de sauter à bord, il y eut deux ou trois blessés; que la reddition eût lieu au moment où l'abordage allait se faire; enfin que, sans cette reddition, il lui paraît que le second corsaire ne pouvait empêcher le navire d'aller à Gibraltar, parce qu'il était au vent;

Vu les mémoires présentés au conseil les 8 brumaire et 9 nivôse an 9, par le corsaire *l'Espérance*, lequel posant en principe que pour avoir part à une prise, il faut avoir combattu ou réellement concouru à faire baisser pavillon à l'ennemi, et que le seul genre de preuve admissible en cas de contestation sur ce point, ce *sont* les dépositions des prisonniers ; mettant ensuite en question si *l'Adolphe* et le *Saint-François-Xavier* ont réellement concouru à faire baisser pavillon à *l'Entreprise*, a distingué dans l'instruction deux sortes de preuves à cet égard, les unes *légales*, parce qu'elles sont prévues par la loi, telles que les déclarations des prisonniers, reçues par le commissaire devant qui la prise a été amenée, les autres purement *officielles* et *facultatives*, telles que les dépositions de certains témoins non indiqués par la loi, et reçues par un commissaire sans attributions.

Cela posé il s'est attaché à prouver,

1.º Que toutes les preuves *légales* sont en faveur de *l'Espérance ;* qu'en effet sur trente-six prisonniers composant l'équipage anglais, vingt-neuf déclarent unanimement que *l'Espérance* seule a donné chasse, a livré combat, l'a soutenu, est venue à l'abordage, et que ce n'est qu'à elle seule que le navire s'est rendu, tandis que les autres corsaires se tenaient au loin, et hors la portée du canon ; que *l'Adolphe* ne s'est présenté qu'après le combat, et lorsque le dernier moyen dont on fait usage dans un engagement naval, l'abordage, eut eu lieu ; c'est-à-dire, en un mot, qu'il est venu seulement pour partager les dépouilles de l'ennemi vaincu, sans avoir partagé la gloire de le combattre ;

2.º Que les enquêtes faites devant le commissaire français à Cadix, ainsi que devant le gouverneur de Tariffa, provoquées par *l'Adolphe* dans l'espoir d'en tirer quelque parti, et reçues par des officiers publics étrangers à la prise et sans compétence, hors le temps et le lieu déterminés, et la présence des parties, offrent un vice plus remarquable encore, dans la partialité évidente qui caractérise chaque déclaration des témoins, qui se contredisent ou ne s'entendent pas ; qu'il est dérisoire de prétendre que des instructions faites par tout autre juge que celui devant lequel la prise a été conduite, soient seules valables, et que six déclarations contradictoires l'emportent sur vingt-neuf témoignages, qui ont tous, par leur conformité, le caractère de la vérité, et qui tous, plaçant *l'Adolphe* à une grande distance de la scène du combat, établissent irrévocablement que ce fut à *l'Espérance,* seulement à *l'Espérance,* et sans l'intervention ou l'influence d'aucun autre corsaire, que *l'Entreprise* se rendit ;

3.º Qu'il est faux qu'un signal de *société* ait été fait à *l'Adolphe ;*

qu'il ne lui a été fait qu'un signal d'*avis*, dont il n'a voulu profiter ni faire usage, puisqu'il s'est constamment tenu sous le vent, manœuvre qui n'est pas celle d'un navire qui cherche à combattre ;

4.º Qu'au milieu de dépositions contradictoires, il n'est pas même prouvé que le coup qui frappa le mât de misaine du navire anglais, fût parti de *l'Adolphe*, et que d'ailleurs cette circonstance n'est d'aucun intérêt, puisqu'à cet instant la détermination de se rendre à *l'Espérance* était déjà prise ;

5.º Que les prétentions du corsaire espagnol ne méritent pas même d'être discutées, puisque, tranquille spectateur du combat auquel il convient lui-même n'avoir pris aucune part, il suffit de lire son procès-verbal, rédigé six jours après la capture, et de le juger d'après son aveu ;

Que si donc *l'Espérance* a recueilli toute la gloire de cette affaire, en ne craignant pas de se mesurer contre un vaisseau bien plus fort que lui, s'il a eu des hommes blessés à bord, s'il a seul souffert dans son navire dont les réparations emportent une partie du produit de la prise, il est juste aussi qu'il jouisse seul de la récompense due à son courage et du dédommagement que lui méritent les dangers auxquels il s'est exposé.

Pourquoi les capitaine et armateur dudit corsaire *l'Espérance* concluent à ce qu'il plaise au conseil vouloir prononcer en leur faveur la confiscation du navire anglais *l'Entreprise* et de sa cargaison, pour le tout leur être adjugé, à l'exclusion de tous autres prétendans ; et de plus, condamner le corsaire *l'Adolphe* aux dommages et intérêts, pour réparation des pertes essuyées par eux à cause des prétentions mal fondées dudit corsaire ;

Vu les mémoires produits les 18, 19 frimaire et 12 nivôse an 9, par le corsaire *l'Adolphe*, lequel, à son tour, a soutenu qu'il appareilla peu après le signal donné, ne prenant que le temps nécessaire pour connaître la route de l'ennemi, la direction des courans, et déterminer une marche utile, afin de lui couper chemin ; que, quelle que fût la bravoure de *l'Espérance*, on peut présumer qu'elle eût été moins hardie, si elle n'eût pas compté sur le secours de *l'Adolphe ;* qu'en effet *l'Espérance,* marchant avec six canons, deux de douze et quatre de six, contre *l'Entreprise,* vaisseau à trois mâts, monté de seize canons de huit et trente-cinq hommes d'équipage, et *l'Adolphe* ayant au contraire dix canons de dix-huit et soixante-douze hommes, il serait difficile de persuader qu'avec cette prépondérance, ce dernier eût renoncé à la chasse, à laquelle son intérêt et son courage l'appelaient autant que le signal de *l'Espérance,* et que si celle-ci arriva la première, c'est qu'elle était à demi-lieue au vent et plus proche de l'ennemi ; que dans un combat de terre on se rend au premier venu, lorsqu'on est intimidé ou épuisé ; mais qu'en mer la prise appartient, non pas seulement au vaisseau à qui l'ennemi s'est rendu, mais à tous ceux qui ont concouru à la prise, qu'ils y aient eu une part plus ou moins active : principe qui rend inutiles toutes les déclarations complaisantes et démenties par le fait, que l'on ne s'est rendu et qu'on n'a voulu se rendre qu'à *l'Espérance ;* que ces circonstances autorisant à opposer l'enquête de Tariffa à celle d'Algésiras, les certificats des vigies aux expertises, et les dépositions des prisonniers entre elles, il résulte de cet examen que *l'Espérance* n'établit nullement les droits exclusifs qu'elle cherche à s'arroger, et qu'elle conteste vainement le concours et les droits de *l'Adolphe ;* que d'ailleurs ces droits se trouvent établis par des enquêtes et par des faits indépendans des enquêtes, parce qu'ils sont convenus ; qu'en effet, le règlement du 27 janvier 1706, concernant le partage des prises, porte qu'aucun ne peut être admis à ce partage, s'il n'a contribué à arrêter le navire, ou contracté société avec celui qui s'en est rendu maître ; or, que *l'Adolphe* a rempli ces deux conditions, puisque, d'une part, si, comme le constatent les procès-verbaux, il répondit au signal de *l'Espérance* selon ses conventions avec lui, il y avait donc une convention entre les deux corsaires, et que, de l'autre, l'induction que l'on tire de ce qu'il resta encore mouillé quelques instans, est abusive et fausse, puisqu'il a été prouvé que ce sage délai n'avait pour but que d'utiliser les manœuvres du navire ;

que la preuve qu'il s'avança, qu'il se mit à portée de tirer avant la reddition, c'est qu'il tira, c'est qu'il endommagea un mât, c'est qu'il mit du monde à bord de la prise; qu'il est donc bien constant que *l'Adolphe* a combattu, puisqu'il a tiré; que sa présence a intimidé l'ennemi, puisqu'il avait des canons de dix-huit contre des canons de huit; qu'il était prêt à lui couper chemin, puisqu'il était sur sa proue; enfin que son intervention utile est prouvée par les témoins, par les circonstances, et par les faits que les témoins peuvent expliquer, mais jamais détruire : mais que d'un autre côté la chaloupe espagnole n'ayant pas tiré, ne s'étant pas mise à portée de le faire, et n'ayant concouru par aucune manœuvre utile à la prise, ne doit y avoir aucune part : pourquoi l'exposant a conclu à ce qu'il plaise au Conseil, en déclarant la validité de la capture, ordonner que le navire anglais *l'Entreprise* et son chargement, ou le prix d'iceux, seront adjugés aux deux navires capteurs *l'Espérance* et *l'Adolphe*, et que, sans avoir égard à la demande en partage des armateurs de la chaloupe espagnole *le Saint-François-Xavier,* de laquelle demande ils seront déboutés, le partage de ladite prise sera fait par experts convenus ou nommés d'office, entre les deux corsaires susdits, à proportion du calibre de leurs canons, de leur capacité respective et de la force de leurs équipages, conformément aux règlemens, et notamment à l'article V du règlement de 1706 ;

Vu le mémoire présenté le 12 nivôse, au Conseil, par l'armateur du corsaire espagnol *le Saint-François-Xavier,* lequel, après s'être appuyé des témoignages rendus en sa faveur, devant le gouverneur de Tariffa, par des personnes désintéressées, témoignages desquels il résulte que non-seulement le *Saint-François* intimida la frégate par ses canons, mais que par sa position il lui ôtait tout espoir de fuite, a conclu à ce qu'il plaise au Conseil ordonner qu'il jouira des avantages d'une capture à laquelle on ne saurait nier qu'il ait contribué, et qu'il participera au partage, en raison de ses hommes, de sa force et de ses canons, prélèvement fait des droits fixés par les lois.

DESQUELLES PIÈCES il résulte principalement,

D'abord que la validité de la capture du navire *l'Entreprise* par le corsaire français *l'Espérance*, n'offre pas le moindre doute, puisqu'elle a été faite sous pavillon anglais, et que le capitaine et les hommes de l'équipage, tous Anglais ou Portugais, ne s'étant rendus qu'après combat, ont déclaré le navire et le chargement propriété anglaise ;

Ensuite, sur la question de savoir si ladite prise anglaise appartiendra en entier au corsaire français *l'Espérance*, ou s'il doit la partager avec l'autre corsaire français *l'Adolphe*, et le corsaire espagnol *le Saint-François-Xavier ;*

Qu'à l'égard du corsaire *l'Adolphe*, il y eut à la vérité primitivement une espèce de convention formée par le signal que donna *l'Espérance* à *l'Adolphe*, qui, en y répondant à la distance de demi-lieue, contractait l'obligation de concourir de tous ses moyens à l'attaque et à la défaite de l'ennemi commun;

Mais que loin d'avoir rempli cette obligation, il est démontré tant par les procès-verbaux de capture des parties, que par leurs aveux mutuels, et indépendamment des dépositions divergentes et contradictoires des témoins,

1.º Que le corsaire *l'Adolphe* n'appareilla et ne mit à la voile que quelque temps après le signal qui lui fut donné par *l'Espérance ;*

2.º Que sa marche fut lente et tardive; et qu'arrivé au fort du combat qui s'était engagé vivement entre l'anglais et *l'Espérance*, au lieu de faire usage de sa grosse artillerie, il ne tira pas alors un seul coup de canon, et laissa froidement le corsaire *l'Espérance* exposé aux forces supérieures de l'ennemi, qui l'avait déjà désemparé, et serait parvenu à le couler bas, si le capitaine français et son intrépide équipage n'eussent trouvé tout-à-la-fois leur salut et la victoire en abordant seuls, le sabre en main, le navire anglais, qui se rendit aussitôt ;

3.º Que le prétexte allégué, que *l'Espérance* étant placée entre le navire ennemi et *l'Adolphe*, celui-ci ne pouvait se servir de ses canons sans s'exposer à tirer sur le propre équipage de *l'Espérance*, est réellement dérisoire, et ne saurait en imposer un moment aux

marins les moins exercés ; puisqu'en admettant que telle fût la position
des trois navires, une simple manœuvre, en faisant convenablement
usage de son gouvernail et de ses voiles, donnait à *l'Adolphe* la
facilité de pointer toute son artillerie contre l'anglais ; et que, s'il
ne l'a pas fait, c'est qu'apparemment il a craint d'essuyer toute la
bordée de l'ennemi, et qu'il a voulu seulement prendre part à la
prise, si elle avait lieu, sans courir personnellement aucun danger ;

4.º Que *l'Adolphe* paraît ne s'être décidé à tirer un coup de canon,
qu'au moment où le navire anglais s'est rendu, et après avoir été
abordé par *l'Espérance* ; et que ce n'est pas ce coup de canon qui
détermina la reddition, puisqu'il est incertain que le navire en ait
été atteint, et que le capitaine, le pilote et plusieurs hommes de
l'équipage capteur, ont déclaré, de la manière la plus précise, n'avoir
amené leur pavillon qu'au seul corsaire *l'Espérance*, sans avoir égard
à aucun autre ;

5.º Que les vigies des tours et les particuliers se trouvant à terre,
qui ont déposé dans le sens le plus favorable à *l'Adolphe*, outre que
la grande distance où ils étaient du champ de bataille ne leur per-
mettait pas de bien juger de toutes les circonstances, n'ont pourtant
point attesté que le corsaire *l'Adolphe* eût secondé le corsaire *l'Espérance*
lors de l'attaque, ni pendant la durée du combat que *l'Espérance*
soutint seul contre *l'Entreprise* ;

6.º Qu'en se conduisant de cette manière, le corsaire *l'Adolphe* a
méconnu ses devoirs, et abandonné ses compatriotes aux hasards d'une
lutte dans laquelle, quoique inégaux en nombre et en forces, ils
ont triomphé uniquement par leur courage et l'intelligence de leurs
manœuvres ; qu'ainsi *l'Adolphe* a volontairement renoncé à la gloire
qu'il avait été appelé à recueillir par le premier signal du corsaire
l'Espérance ;

Que, quant au corsaire espagnol *le Saint-François-Xavier*, il n'a
fait ni reçu aucun signal, s'est contenté de rester spectateur tranquille
du combat à une distance bien hors de portée, n'a pas tiré un seul
coup de canon, quoiqu'il en eût deux de vingt-quatre, et que n'ayant

pris aucune part active à la capture, ni ne l'ayant déterminée, il ne peut raisonnablement prétendre à la partager;

Que d'après ces diverses considérations, on ne peut refuser au capitaine du corsaire *l'Espérance* et à son brave équipage un juste tribut d'éloges pour le courage qu'ils ont eu, avec un frêle bâtiment, armé seulement de six canons de douze et de six, d'aller droit à un navire ennemi fort de seize canons de huit et de trente-cinq hommes d'équipage, de l'attaquer sans hésiter, de le combattre corps à corps, de l'aborder, et de s'en emparer sans l'assistance du corsaire qu'ils avaient d'abord appelé à eux; qu'en accordant la moindre part du butin à ceux qui se sont montrés étrangers au combat, ce serait arracher au vainqueur, honoré du suffrage unanime des vaincus, le prix de son intrépidité; et qu'une telle action d'éclat, qui rappelle les hauts faits de nos plus célèbres marins, maintient l'honneur du nom français, et rivalise avec l'héroïsme journalier des républicains sur le continent, est bien propre à exciter autant la reconnaissance de la patrie que la sollicitude du Gouvernement;

Vu les conclusions du commissaire du Gouvernement, déposées cejourd'hui par écrit sur le bureau, et tendant à la confiscation du navire et de la cargaison de *l'Entreprise*, comme étant constamment ennemie, et à ce que la prise ou le produit d'icelle soit adjugé par moitié aux corsaires *l'Espérance* et *l'Adolphe*, en considération de la bravoure de *l'Espérance*; et *le Saint-François-Xavier* débouté au contraire de ses prétentions :

Ouï le rapport du C.^{en} *Niou*, membre du Conseil; tout vu et considéré,

LE CONSEIL décide que la prise faite par le corsaire français *l'Espérance*, commandé par le capitaine *Mordeille*, du navire anglais *l'Entreprise*, est bonne et valable; en conséquence, sans s'arrêter aux demandes, fins et conclusions des armateurs et équipages du corsaire français *l'Adolphe* et du corsaire espagnol *le Saint-François-Xavier*, dont ils sont déboutés, adjuge aux armateurs, capitaine et équipage dudit corsaire français *l'Espérance*, la totalité tant dudit navire , ses agrès, ustensiles , apparaux, circonstances et dépendances, que de toutes les marchandises et effets de son chargement, pour le tout être vendu aux formes. et de la manière prescrites par les lois et règlemens sur le fait des prises, et le produit net remis aux armateur , capitaine et équipage dudit corsaire, prélèvement fait des droits attribués en faveur des invalides de la marine et des marins français prisonniers chez l'ennemi, par les lois des 9 messidor an 3 et 3 brumaire an 4, et par l'arrêté des Consuls du 7 fructidor an 8.

A quoi faire tous gardiens , séquestres et dépositaires seront contraints par toutes voies dues et raisonnables, même par corps ; quoi faisant, ils en seront et demeureront bien et valablement quittes et déchargés.

Et sur les autres demandes, fins et conclusions des parties, les met hors de cause.

Fait au Conseil des Prises , séant à l'Oratoire, à Paris, le 13 nivôse , an 9 de la République française , une et indivisible. *Signé* BERLIER, *président.;* NIOU, MOREAU, LACOSTE , MONTIGNY - MONTPLAISIR , DUFAUT, PARSEVAL-GRANDMAISON, TOURNACHON, COLLET-DESCOTILS, tous membres du Conssil des Prises, séant à Paris , maison de l'Oratoire.

AU NOM DE LA RÉPUBLIQUE FRANÇAISE, il est

ordonné à tous huissiers sur ce requis, de mettre la pré-
sente décision à exécution ; à tous commandans et officiers
de la force publique, de prêter main-forte lorsqu'ils en
seront légalement requis; et aux commissaires du Gouvernement tant intérieurs qu'extérieurs, d'y tenir la main. En foi
de quoi ladite décision a été signée par le président du
Conseil et par le rapporteur.

Par le Conseil :

Le Secrétaire général, signé CALMELET.

À PARIS, DE L'IMPRIMERIE DE LA RÉPUBLIQUE.
Nivôse an IX.

www.ingramcontent.com/pod-product-compliance
Lightning Source LLC
Chambersburg PA
CBHW060711280326
41933CB00012B/2388